Le origini cristiane a Trastevere

TABERNA

MERITORIA
VMME PATE
SCATVRIR

Editori in Roma
via dei Gracchi 187
00192 Roma

ISBN 88-7621-767-3

Progettazione e realizzazione
grafica e redazionale
a cura della Casa Editrice

Referenze fotografiche:

Arch. fotogr. Uff. Monumenti antichi e scavi
25, 26, 30, 31, 32, 33, 35, 47
Pontificia Commissione di archeologia sacra
23, 24, 42, 43, 44, 45, 47, 48, 49, 50, 51,
54
Archivio fotogr. comunale 23, 24, 25

In copertina: *La Taberna meritoria*

LE ORIGINI CRISTIANE A TRASTEVERE

Umberto Maria Fasola

FRATELLI PALOMBI EDITORI

PRESENTAZIONE

Trastevere è stato uno dei primi quartieri dell'antica Roma dove si è radicata la predicazione cristiana. Vi risiedeva, infatti, una fiorentissima colonia ebraica (circa 40.000 persone), che continuava ad avere relazioni con la terra d'origine. Alcuni "stranieri di Roma" (forse anche di Trastevere) erano presenti a Gerusalemme già dal giorno di Pentecoste, narrano gli Atti degli Apostoli (At 2,10).

Gli ebrei di Trastevere erano gente semplice e dedita per lo più al commercio (scaricatori e mugnai, mercanti e trafficanti di grano, di vino, di olio, di marmi). Furono loro i primi ad aderire al Cristianesimo. L'antica tradizione della *fons olei* ce lo ricorda. Nella *Cronaca* di Gerolamo (metà del IV secolo) si narra che nell'anno 38 a.C., accadde un fatto straordinario: "Alla Taverna Meritoria del Trastevere scaturì l'olio dalla terra per tutto il giorno senza interruzione, significando la grazia di Cristo che sarebbe venuta alle genti". Gli ebrei che si convertirono al Cristianesimo interpretarono in questa prospettiva quell'evento naturale che ancora oggi dà il nome alla basilica. Ed è proprio in questa "taberna meritoria" (una sorta di albergo per militari in pensione), che si raccoglieva la prima comunità cristiana di Trastevere. Si racconta di una disputa tra un consorzio di osti e la comunità cristiana per avere questo luogo. L'imperatore Alessandro Severo, pagano, al quale era giunta tale disputa, preferì darla ai cristiani: "è più utile — disse — che sia un luogo di preghiera piuttosto che una bettola".

Queste sono alcune delle considerazioni fatte da padre Fasola sulla vita della prima comunità cristiana di Trastevere. Le pagine che seguono riportano due conferenze che egli tenne in Santa Maria in Trastevere. La sua prematura scomparsa (Andrea Maria Erba, vescovo di Velletri e suo confratello, lo ricorda con alcune riflessioni poste al termine di queste pagine) non gli ha permesso di rivederle. Tranne alcune brevi integrazioni, che mi sono permesso di aggiungere, queste pagine riproducono integralmente le due conversazioni fatte dall'autore. Esse conservano tutto lo stile colloquiale e il tono caldo di padre Fasola quando parlava al pubblico del suo lavoro di archeologo delle catacombe. Il suo rigore scientifico, che lo ha fatto unanimemente apprezzare dagli studiosi, si innestava nella sua passione per la Chiesa e le sue ricerche archeologiche nello stesso tempo arricchivano questa passione che sempre lo ha accompagnato.

Mi è sembrato utile riproporre queste riflessioni sulle radici storiche della comunità cristiana in Trastevere. Da allora, ininterrottamente per duemila anni, una generazione cristiana è succeduta all'altra. Quelle radici sono certamente un tesoro spirituale, oltre che storico. In esse si vede con estrema chiarezza l'impegno di quella comunità cristiana nell'annuncio evangelico nella Roma di allora. Noi le ricordiamo ben sapendo che "la Chiesa non è un museo ma un giardino", come diceva Giovanni XXIII.

È a dire che ogni generazione cristiana è chiamata a far rifiorire nel proprio tempo quella stessa predicazione evangelica. Ritornare a queste memorie apostoliche, vuol dire anche rivivere con maggiore forza la stessa vocazione della Chiesa romana: una Chiesa che sa ben radicarsi nella città e nello stesso tempo sa porsi al servizio con l'universale respiro della carità.

Sono lieto perciò di poter offrire ai lettori queste poche pagine. Spero che aiutino a comprendere non solo la vicenda dei primi cristiani in Trastevere, ma anche lo sforzo di oggi nel rendere visibile il servizio al Vangelo in questo quartiere romano. Il tessuto sociale e religioso di questo antico quartiere è molto cambiato nel corso dei secoli. Le stesse esperienze religiose si sono susseguite di tempo in tempo aggiungendosi all'antica presenza delle chiese parrocchiali (gli antichi *titula*). Vorrei ricordare per questi ultimi anni la singolare presenza della Comunità di Sant'Egidio che in Trastevere ha posto il suo centro. L'augurio è che si possa rivivere quanto allora era contenuto nella Lettera di Dionigi (riportata da Eusebio) ai cristiani di Roma: ''Dall'inizio è vostro uso fare in diversi modi del bene a tutti fratelli e inviare aiuti in ogni città, e a numerose Chiese: così voi confortate la miseria dei poveri, confortate i fratelli che sono nelle miniere con i vostri aiuti fin dai primi tempi''.

Vincenzo Paglia
parroco di Santa Maria in Trastevere

SOMMARIO

IN AMBIENTE EBRAICO...

Trastevere, all'inizio del Cristianesimo, fu uno dei quartieri di Roma dove la propaganda cristiana si radicò maggiormente: era un luogo di lavoratori, gente semplice, ma non necessariamente di ordine servile. Abbiamo su questo una testimonianza molto preziosa di Filone di Alessandria, che venne a Roma come legato di suoi concittadini presso l'imperatore Caligola. Egli scrive che in Trastevere c'era una colonia fiorentissima di ebrei.

Dà l'idea che qui ci fossero circa 40.000 ebrei: "Il vasto quartiere di Roma, al di là del Tevere... era occupato dagli ebrei. Per la maggior parte erano degli affrancati romani. Condotti in Italia come prigionieri di guerra, erano in seguito stati affrancati dal loro padrone, senza essere stati costretti a mutare alcuna delle loro tradizioni" (*Legatio ad Caium*, par. 155). In altre zone di Roma esistevano molte altre comunità ebraiche: ad esempio dove inizia la via Appia con le numerose attrezzature per i carri e il commercio lungo la via. Ma anche la Suburra era piena di queste associazioni: in alcuni scavi fatti vicino a Villa Torlonia si trovano dei riferimenti topografici chiarissimi alla Suburra, la menzione, per esempio, in una iscrizione del gerusiarca della sinagoga dei Siguresi, gli abitanti appunto della Suburra. Così pure erano presenti tra il Circo Massimo e Porta Capena. Giovenale, parlando di questi luoghi, dice che "sono dati in affitto agli ebrei, il cui bagaglio si riduce a un fascio di fieno" (*Satire* 3, 11-14).

Gli ebrei di Roma si trovavano, per lo più, nei luoghi dove c'era da lavorare: si trattava di persone semplici, attaccate alla famiglia. Nelle loro catacombe troviamo, infatti, accenni al loro amore per la comunità familiare: "amante dei figli, amante del marito, amante dei fratelli...". Essi avevano, nel I secolo, abitudini ben diverse da quelli della Palestina. Infatti a Roma erano notevolmente più liberali. Ad esempio nelle loro catacombe troviamo sia rappresentazioni di animali, proibitissime dalla Legge, sia altri tipi di figurazioni come la rappresentazione del *Cenatleta*, un atleta mitico coronato di vittoria. In Palestina questo avrebbe costituito uno scandalo, mentre qui a Roma, in un clima caratterizzato da idee più larghe e soprattutto non fanatiche, era tollerato. Gli ebrei erano in genere gente povera e praticavano mestieri di basso rango, per lo più legati al porto e alle vie di comunicazione per il commercio, ma si hanno anche notizie di venditori ambulanti e cantastorie. Non mancano tuttavia maestri di scuola, poeti, attori.

In varie zone di Roma avevano le loro *proseukai*, ossia le loro associazioni. Non avevano ancora luoghi specifici per la preghiera. Solo più tardi il termine sinagoga designerà l'apposito luogo delle riunioni religiose e di preghiera. In quegli anni, infatti, la sinagoga indicava quello che per noi cristiani era la chiesa — dal greco *ecclesia* —, cioè l'insieme dei

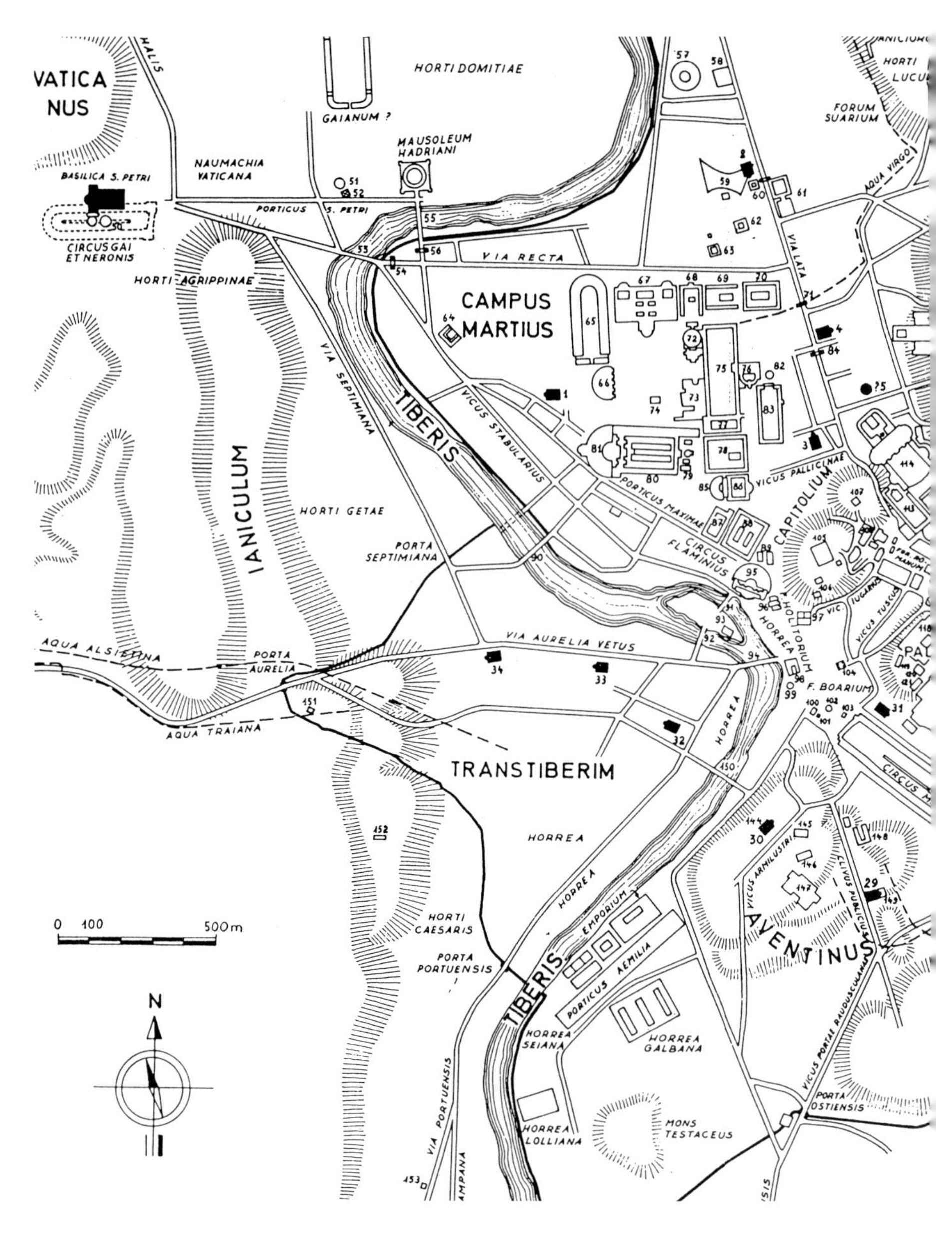

1. St-Laurent-in-Damaso.
2. St - Laurent-in-Lucina.
3. St - Marc.
4. St - Marcel.
5. Basilica Julia.
6. Ste-Agathe-des-Goths.
7. St-Pierre-aux-Liens.
8. St-Vital.
9. Ste-Suzanne.
10. St-Cyriaque.
11. Oratoire au monte della Giustizia.
12. Ste-Pudentienne.
13. Sts-Côme-et-Damien-ad-Presepem.
14. Ste-Marie-Majeure.
15. St-André-cata-Barbara.
16. Ste-Praxède.
17. Sts-Silvestre-et-Martin.
18. St-Eusèbe.
19. Ste-Bibiane.
20. St-Mathieu.
21. Sts-Marcellin-et-Pierre.
22. St-Clément.
23. Quatre-Saints-Couronnés.
24. St-Étienne-le-Rond.
25. Sts-Jean-et-Paul.
26. St-Sixte-le-Vieux.
27. Sts-Nérée-et-Achillée.
28. Ste-Balbine.
29. Ste-Prisque.
30. Ste-Sabine.
31. Ste-Anastasie.
32. Ste-Cécile.
33. St-Chrysogone.
34. Sts-Jules-et-Callixte.

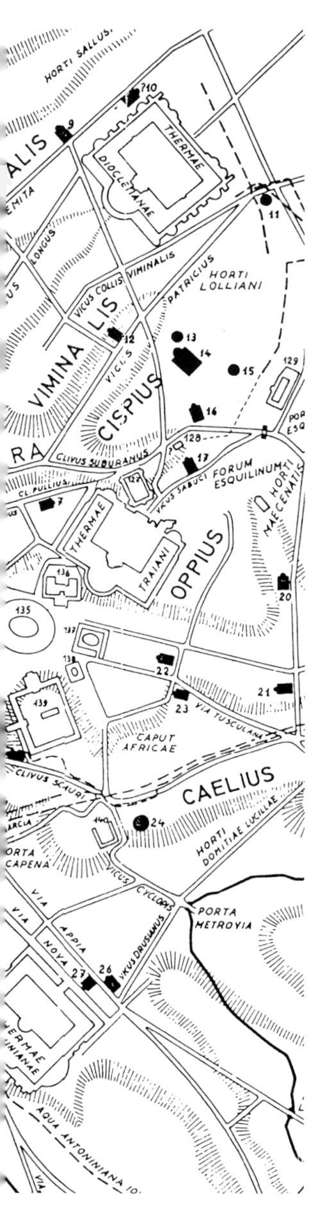

1. Insediamento cristiano nella pianta di Roma imperiale

50. Mausoleum.
51. Terebinthus Neronis.
52. Pyramis (Meta Romuli).
53. Pons Neronianus.
54. Arcus Arcadii Honorii et Theodosii.
55. Pons Aelius.
56. Arcus Gratiani Valentiniani et Theodosii.
57. Mausoleum Augusti.
58. Ustrinum domus Augustae.
59. Horologium Augusti.
60. Ara Pacis.
61. Templum Solis.
62. Ustrinum Marci Aurelii.
63. Ustrinum Antonini Pii.
64. Ustrinum Hadriani?
65. Stadium Domitiani.
66. Odeum Domitiani.
67. Thermae Neronianae et Alexandrinae.
68. Porticus.
69. Templum Matidiae.
70. Templum Hadriani.
71. Arcus Claudii.
72. Pantheon.
73. Thermae Agrippae.
74. Templum Boni Eventus.
75. Saepta Julia.
76. Iseum et Serapeum.
77. Diribitorium.
78. Porticus Minucia.
79. Templa.
80. Porticus Pompeianae.
81. Theatrum Pompeii.
82. Templum Minervae Chalcidicae.
83. Divorum Templum.
84. Arcus Novus Diocletiani Bellonae.
90. Pons Valentiniani.
91. Pons Fabricius.
92. Pons Cestius.
93. Templum Aesculapii.
94. Pons Aemilius.
95. Theatrum Marcelli.
96. Templa fori Holitorii.
97. Templa Matris Matutae et Fortunae.
98. Templum Portuni?
99. Templum Herculis Victoris?
100. Statio annonae.
101. Ara maxima Herculis.
102. Aedes Aemiliana Herculis.
103. Mithraeum.
104. Ianus Quadrifrons.
105. Templum Iovis Optimi Maximi.
106. Templum Opis-Templum Fidei.
107. Templum Iunonis Monetae.
108. Tabularium.
109. Basilica Constantini (Maxentii).
110. Porticus Margaritaria.
111. Templum Veneris et Romae.
112. Arcus Titi.
113. Forum Iulium.
114. Forum Traiani.
115. Forum Augusti.
116. Forum Nervae.
117. Forum Pacis.
118. Domus Tiberiana.
119. Templum Matris Magnae.
120. Domus Liviae (Augusti).
121. Templum Apollinis.
122. Domus Augustana.
123. Aedes Caesarum?
124. Septizodium.
125. Templum Serapidis.
126. Thermae Constantini.
127. Porticus Liviae.
128. Lacus Orphei?
129. Macellum Liviae.
130. Nymphaeum aquae Iuliae.
131. Nymphaeum hortorum Licinianorum.
132. Colossus Neronis.
133. Meta Sudans.
134. Arcus Constantini.
135. Amphitheatrum Flavium.
136. Thermae Titi.
137. Ludus Magnus.
138. Ludus Matutinus.
139. Templum Claudii.
140. Cohors V Vigilum.
141. Castra nova Equitum singularium.
142. Castra priora Equitum singularium.
143. Thermae Helenianae.
144. Templum Iunonis Reginae.
145. Templum Minervae.
146. Templum Dianae.
147. Thermae Decianae.
148. Thermae Suranae.
149. Mithraeum.
150. Pons Probi.
151. Molinae.
152. Templum Iovis Heliopolitani.
153. Templum Fortis Fortunae.

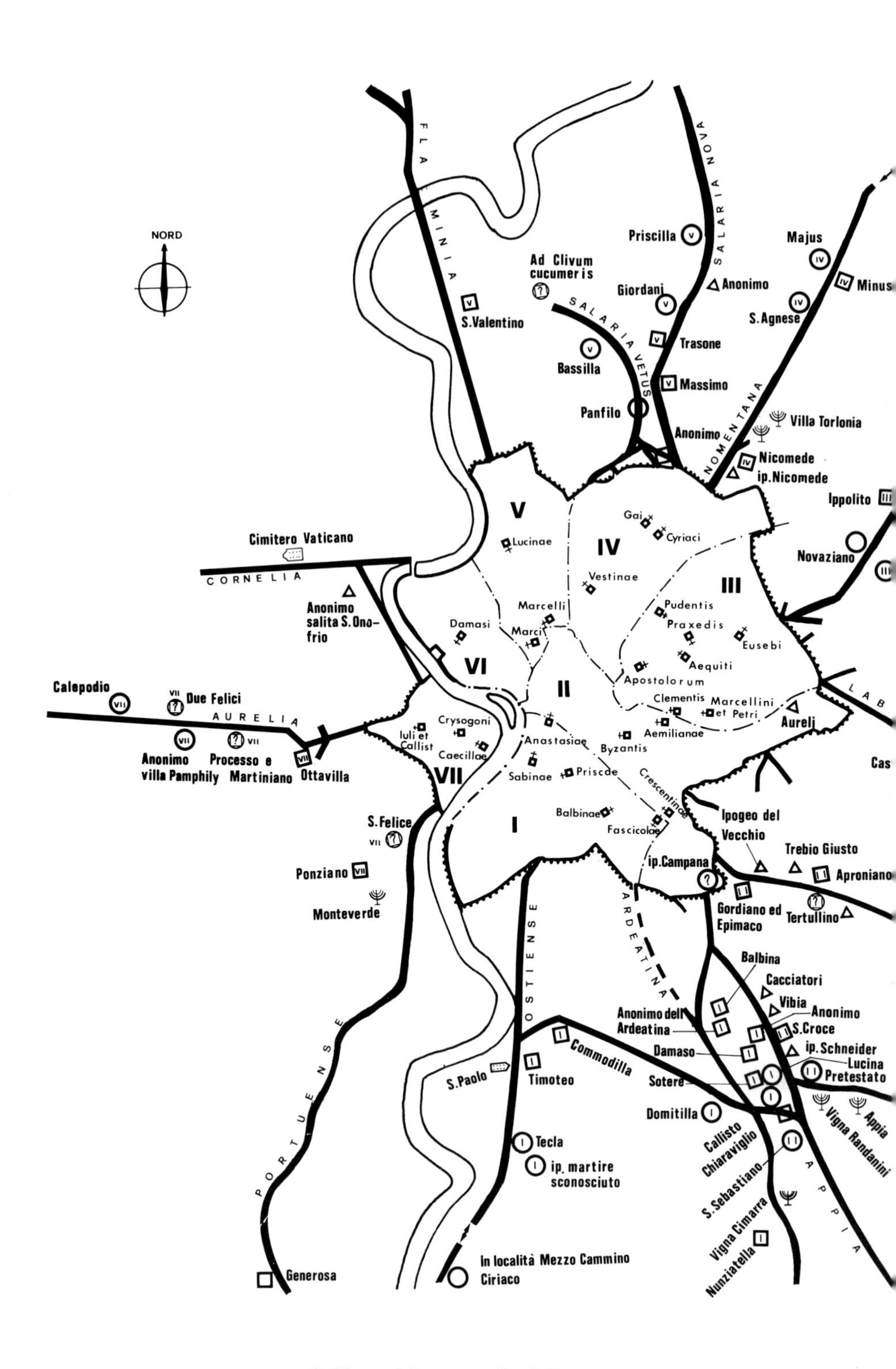

2. Pianta delle catacombe di Trastevere

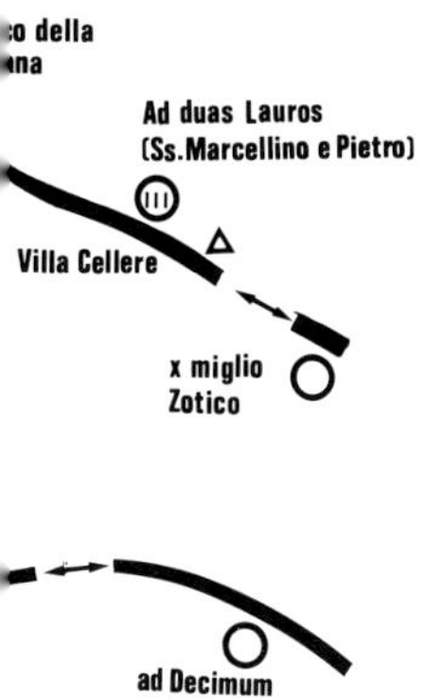

□ Catacomba comunitaria:
le cifre indicano
la probabile corrispondenza
con una delle sette
regioni ecclesiastiche

○ Catacomba comunitaria
con nuclei precostantiniani
accertati

△ Ipogeo
di uso privato

Catacomba ebraica

Catacomba
di cui si conosce l'esistenza
ma non ancora materialmente
scoperta

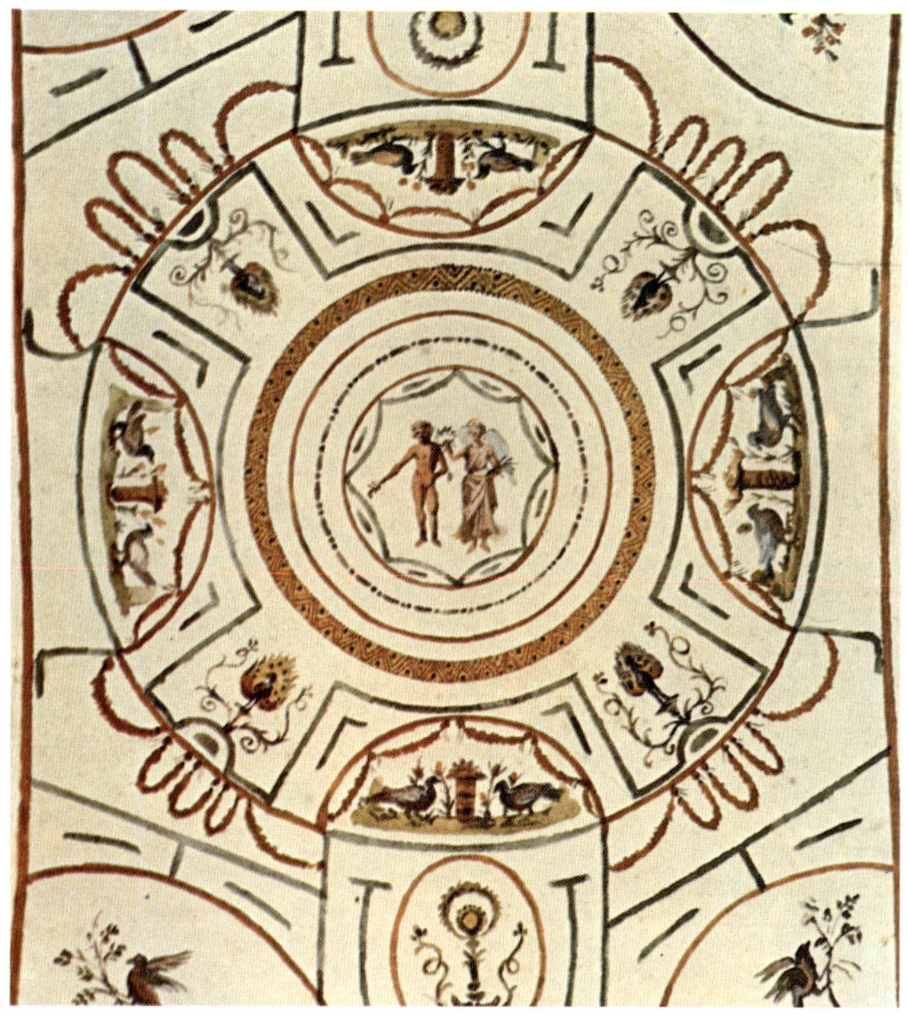

3. *Cenatleta* di Vigna Rondanini

credenti, l'assemblea dei cristiani, e non il luogo materiale ove si riunivano. In seguito, nel Medioevo, il termine chiesa cominciò ad indicare anche le mura. Ed è solo da allora che il luogo ove ci si ritrovava per le celebrazioni iniziò ad essere chiamato chiesa. Nei primi tempi il termine chiesa — basta prendere per esempio i testi di san Paolo — indicava l'insieme dei credenti. La stessa cosa avveniva presso gli ebrei; le sinagoghe erano le loro assemblee di incontro e di preghiera. A Roma ve ne erano ben tredici. Si tratta quindi di altrettanti raggruppamenti, di organizzazioni a sfondo religioso dislocate nella città, generalmente nei luoghi più dediti al commercio. L'organizzazione interna di queste assemblee ebraiche romane non è chiara. In Israele e nella diaspora in genere erano guidate da sette "giudici" che avevano tra l'altro la giurisdizione sui servizi assistenziali: la scodella del povero e il paniere della vedova. A Roma queste assemblee non formavano una struttura unitaria come le altre della diaspora; ognuna era indipendente dall'altra.

La prima notizia sulla presenza degli ebrei a Roma risale al 139 a.C., quando Cornelio Ispano, magistrato incaricato degli stranieri, si scaglia contro il culto ebraico che, a suo parere, rischiava di inquinare quello a Giove Sabazio. Probabilmente il primo grande afflusso di ebrei a Roma è avvenuto subito dopo la presa di Gerusalemme da parte di Pompeo Magno, nel 63 a.C., quando un forte contingente di prigionieri fu condotto nella capitale dell'impero. Ed è proprio in questi anni che nella coscienza dei romani si radica un atteggiamento di preoccupazione verso questo singolare popolo. Un esempio in tale direzione è dato dalle parole di Cicerone, che senza dubbio riflettono le riserve che i romani avevano verso gli ebrei. Difendendo Flacco, Cicerone dice: "Tener testa a una barbara superstizione: ciò fu, da parte di Flacco, un segno di energia; disprezzare, nell'interesse della repubblica, questa massa di ebrei, tanto spesso turbolenti nelle nostre assemblee, è il segno di una singolare forza d'animo" (*Pro Flacco*). Dopo l'anno 70 d.C. si trovarono a Roma ebrei in tutti gli strati della società, ma in particolare tra gli schiavi e la plebe. Spesso venivano riscattati e affrancati, ma restavano in stretta dipendenza dai loro antichi padroni. In ogni caso, essi venivano considerati tra gli stranieri. Erano piccoli artigiani, bottegai e lavoratori del porto. Costoro non godevano di particolari diritti e potevano essere espulsi immediatamente in caso di agitazione. Vi erano poi altri ebrei, figli di affrancati, che venivano riconosciuti come cittadini. Essi appartenevano per lo più agli *humiliores*, alla parte bassa del popolo; erano protetti dall'espulsione, ma non da una costrizione forzata (come avvenne ad esempio sotto Tiberio, che fece arruolare a forza 4.000 ebrei affrancati per andare a combattere i briganti in Sardegna).

...NASCE LA COMUNITÀ CRISTIANA

È in questo ambiente che attecchì il Cristianesimo: proprio nell'ambito ebraico, qui in Trastevere. È da notare che gli ebrei, come anche poi i cristiani, usufruirono del diritto ad associarsi riconosciuto dalla legge romana, creando una serie di "confraternite". Questi gruppi, regolati da un'apposita legislazione, (un esempio è dato dalla *Lex Julia de Collegiis*, promulgata da Augusto nel 7 d.C., che completava precedenti disposizioni in materia) avevano l'autorizzazione a diventare delle istituzioni ufficialmente riconosciute, con una serie di diritti all'interno del tessuto cittadino.

Le prime comunità cristiane di Roma, nate in ambiente ebraico, si inserirono in questo contesto giuridico; anche se, agli occhi dei romani, poco si distinguevano dagli ebrei. Questo lo si ricava dalle fonti storiche che narrano le conseguenze di alcuni tumulti avvenuti a Roma. Il passaggio degli ebrei alla fede cristiana, infatti, provocava inevitabilmente dei traumi. Questi cristiani che abolivano il sabato, la circoncisione e tante altre usanze giudaiche facevano perdere l'identità al gruppo ebraico. Tutto ciò non poteva passare senza problemi all'interno della colonia ebraica romana, nonostante quest'ultima fosse più tollerante di altre colonie della diaspora. Cominciarono così le prime reazioni contro i cristiani. Svetonio narra che l'imperatore Claudio nel 50 d.C. cacciò da Roma tutti gli ebrei, stanco dei tumulti che essi provocavano. Lo scrittore aggiunge che tali tumulti avvenivano "impulsore Cresto", cioè a causa di "Cresto" (a Roma si diceva indifferentemente Cristus o Cresto). Un certo Cresto, quindi, metteva in subbuglio gli ebrei della capitale. Bisogna notare che un agitatore qualsiasi non avrebbe potuto provocare un tale subbuglio generale; gli ebrei infatti erano divisi in molte sinagoghe e un personaggio qualsiasi avrebbe potuto creare disordini in una, non in tutte le sinagoghe. Gli studiosi sono concordi nell'identificare questo "Cresto" con Cristo; la nuova propaganda era stata accolta all'inizio con grande entusiasmo ma poi provocò reazioni violente. È riferito a questa vicenda il passo degli Atti degli Apostoli (cap. 18, 1-2) che narra l'incontro di Paolo a Corinto con Aquila e Priscilla, i quali erano arrivati nella città greca "in seguito all'ordine di Claudio che allontanava da Roma tutti i giudei".

Ben presto però tutti gli ebrei ed i cristiani che erano stati cacciati via poterono tornare. Erano troppo necessari per la vita di Roma. Essi, infatti, gestivano la colossale impresa degli approvvigionamenti per una città di circa un milione di abitanti, che doveva necessariamente rifornirsi della materia prima attraverso il commercio. Negli ultimi due secoli della repubblica Roma aveva subito un forte inurbamento che aveva portato numerosissimi contadini nella capitale, ovviamente più sicura delle loro terre in difficoltà, e non pochi prigionieri di guerra ridotti in schiavitù (il numero degli schiavi si aggirava attorno alle 350.000 persone). Nel primo secolo Roma raccoglieva un quarantesimo della popolazione di tutto l'impero. I rifornimenti per una città così grande rappresentavano un notevole problema. Roma aveva sedici porte: in solo quattro di queste si apriva un doppio fornice (cioè due ingressi, per permettere il doppio senso della circolazione) e tre erano collocate proprio verso sud: la Porta Portuense (attuale Porta Portese), l'Ostiense e la Porta Appia. Giovenale, nelle sue satire, ci offre uno spaccato del traffico dei carri: "In questa città si dorme solo a caro prezzo. Questo ci uccide. I carri che creano ingorghi agli angoli delle strade, le imprecazioni dei mulattieri furiosi di doversi fermare; è abbastanza per togliere il senno ai vitelli di mare" (*Satire*, III, 234-238). C'è poi la Porta Flaminia, a nord. Il notevole numero di porte sta ad indicare che c'era un afflusso commerciale molto forte, soprattutto da sud. Il grano veniva infatti per lo più dal sud, ossia dai porti di Ostia e di Pozzuoli (c'è da notare che la razione di frumento data dalle autorità governative non era più sentita come un'opera di assistenza ma come un diritto da parte dei cittadini romani; circa 200.000 romani ne beneficiavano). Ogni ritardo dell'approvvigionamento frumentario era occasione di tumulti e sommosse. La Porta Portuense venne distrutta in seguito da Urbano VIII: era già molto cadente e il papa fece una nuova serie di mura, differenti da quelle aureliane, della Roma imperiale.

Trastevere era situato in una zona strategica, potremmo dire, per il commercio. Qui pullulavano i gruppi più vari, tra operai, artigiani e bottegai. Su tutti prevalevano gli orientali: greci, asiatici, siriani, egiziani e, soprattutto, ebrei che avevano il predominio nel commercio. Un epigramma di Marziale ci offre una indicazione plastica della vita romana in questa epoca: "Vuoi sapere perché così spesso me ne vado nella mia modesta campagna? La persona povera non può né meditare né riposare a Roma: la quantità di gente ci impedisce di viverci. Al mattino i maestri di scuola, la notte i panettieri e durante il giorno i calderari con i loro martelli. Qua, il cambiavalute passa il suo tempo a far tintinnare sul suo banco lurido delle monete col conio di Nerone; là il battitore di lino di Spagna che lo schiaccia su una pietra con un battitoio. E poi le grida incessanti dei sacerdoti fanatici di Bellona, la voce stridula del naufrago col salvadanaio al collo, o quella dell'ebreo abituato da sua madre a mendicare e del cisposo venditore di fiammiferi" (Marziale, *Epigrammi*, XII, 57).

Numerose prove ci attestano che la propaganda cristiana aveva attecchito molto nel mondo ebraico. Ancora nel V secolo a Roma, ed unicamente qui, c'era il ricordo di una doppia progenie: l'*ecclesia ex circumcisione* e l'*ecclesia ex gentibus*, di cui troviamo tracce anche nell'arte. Prendiamo ad esempio i mosaici della chiesa di Santa Sabina, all'Aventino. Nei pannelli musivi che ornano la facciata interna vi sono raffigurate due matrone, austere, che tengono in mano un libro, uno in caratteri ebraici, l'altro latini: sono proprio le due *ecclesiae*, i due ceppi della propaganda cristiana che a Roma aveva attinto sia dall'ambiente giudaico, numeroso a Tra-

4. L'Antica Porta Portuense nella pianta di Roma di Maggi-Maupin-Losi (1625)

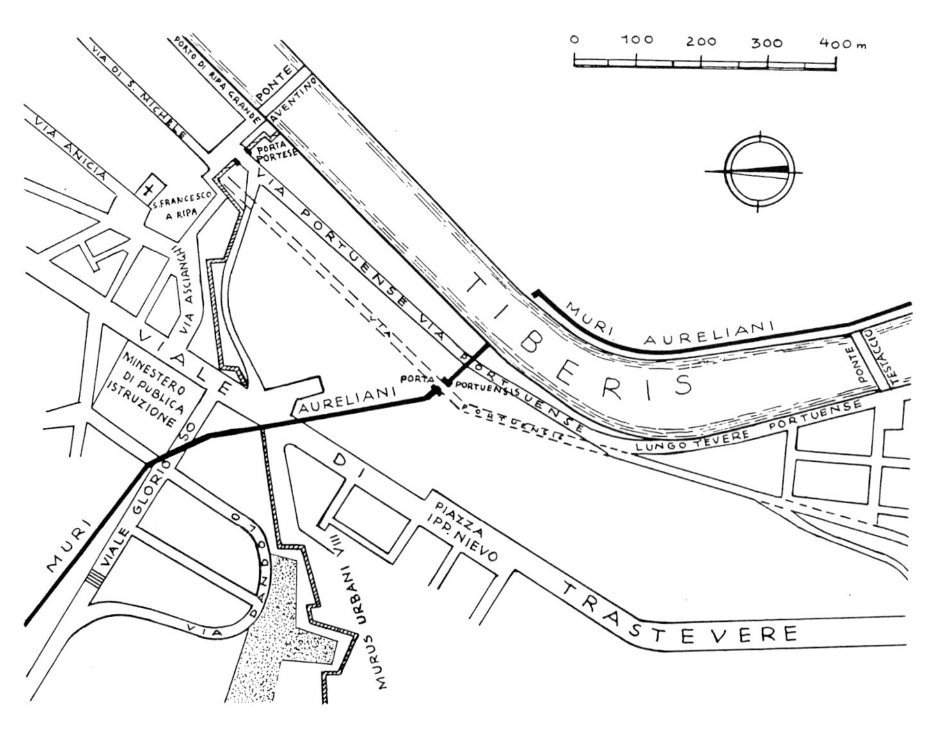

5. L'antica e la nuova Porta Portuense

6. Mosaico di Santa Pudenziana

stevere, sia dall'ambiente pagano. Un altro esempio è nel mosaico della basilica di Santa Pudenziana, una delle più belle ed antiche di Roma. Assieme a Cristo è raffigurato il collegio apostolico: dietro a san Paolo c'è l'*ecclesia ex gentibus*, di cui Paolo era predicatore; mentre dietro a Pietro, in mezzo ai giudei, c'è l'*ecclesia ex circumcisione*.

Trastevere, come ho già detto, fu uno dei luoghi dove il Cristianesimo si diffuse rapidamente e fortemente: era un luogo di gente povera, cui la predicazione cristiana dava una grande speranza. Infatti nel mondo antico i poveri erano maltrattati e conducevano una vita estremamente dura. Il Cristianesimo rendeva, invece, uguali gli uomini, gli schiavi ed i liberi, dando loro una dignità umana straordinaria.

ATTIVITÀ E MESTIERI

Nelle catacombe si trovano varie raffigurazioni concernenti le attività di Trastevere, quali ad esempio quelle legate al commercio. Le merci arrivavano ad Ostia: grano, olio, vino e tutto ciò che serviva per una grande città come Roma. Per trasportarle si utilizzavano carri che percorrevano le vie Portuense e Ostiense. Ma il commercio avveniva soprattutto attraverso le barche. Le navi scaricavano le merci nel porto di Ostia (prima nel porto di Claudio, poi in quello di Traiano); in seguito dei barconi trasportavano le merci lungo il Tevere. Tutte le mercanzie che partivano dalle varie province dell'impero giungevano al porto di Ostia: anche i grandi blocchi di marmo che venivano a Roma per essere segati e lavorati provenivano generalmente dalle miniere dell'Alta Nubia, dell'Egitto, della Grecia. Ancora oggi abbiamo nel quartiere di Testaccio la via Marmorata, chiamata così appunto perché in quel luogo avveniva lo sbarco dei blocchi di marmo.

Lungo tutte le rive del fiume si erano sviluppate le attività di scarico: dove ora è Santa Maria in Cosmedin esisteva il centro di scarico delle derrate; verso il Ponte Erniano, l'attuale Ponte Vittorio, vi era lo scarico dei vini, delle carni suine, degli oli. A Testaccio venivano scaricati oltre i marmi anche i vasi per gli alimenti. L'attuale Monte dei Cocci, alto un centinaio di metri, si è formato nel luogo dove si ammucchiavano gli orci ormai vuoti, che non conveniva portare indietro. *Testum*, in latino, vuol dire "coccio". Questi grandi contenitori di terracotta venivano distrutti e accumulati. Vivevano lì, dunque, migliaia di scaricatori che portavano le derrate dalle piccole navi a terra, ma anche barcaioli, riparatori di barche, commercianti, magazzinieri.

Le catacombe romane, come si sa, erano fuori dalle mura cittadine. Quindi dentro Trastevere non ve ne era nessuna. Per seppellire bisognava andare fuori della città; gli abitanti di Trastevere scavarono nel settore ovest nel suburbio i cimiteri di Ponziano, Calepodio, Pancrazio, Processo, Martiniano e Due Felici: il numero notevole di questi cimiteri e la loro estensione indicano quanto ampia fosse la comunità cristiana a Trastevere. Proprio nelle catacombe di Ponziano è conservata una pittura allusiva alla attività di scaricatore del defunto del quale orna la tomba. Insomma, tra i cristiani di Trastevere vi era gente dedita al commercio.

Un'altra attività dei trasteverini è quella dei mugnai. Vi erano lungo il Tevere una serie di mulini, che agivano con pale mosse dalle acque del fiume. Tra i più famosi erano quelli posti lungo le pendici del Gianicolo. Quando Traiano portò a Roma la sua acqua (quella che ancora oggi sgorga nel fontanone sul Gianicolo, realizzato da Paolo V, ove la lapide ne ricorda la provenienza dal lago di Bracciano), veniva usata nella discesa del colle per le pale dei mulini che macinavano grano. Da Ostia non arrivava la farina ed i *pistores* antichi dovevano preoccuparsi di ma-

7. Pittura con i bottai della catacomba di Priscilla

8. Barcarolo della catacomba di Ponziano in un acquerello di Wilpert

9. Il monte dei cocci

10. Martirio di san Callisto, affresco della catacomba di Calepodio

11. Catacomba di San Pancrazio

12. Mulini sul Tevere presso Ponte Sisto verso il 1870

13. Fornai della catacomba di Domitilla, la scena dello scarico delle merci

14. Banchiere in un sarcofago della catacomba di Novaziano

cinare il grano. Altre attività dei trasteverini erano quelle di pescivendoli, di vasai: l'argilla del Vaticano era famosa; i vasi venivano cotti, tra l'altro, nella zona dove adesso è via delle Fornaci.

Ma c'è un altro mestiere, quello dei *fossores*, che è tipico degli abitanti di Trastevere, mestiere, in un certo senso propagandato da Callisto, e che riguardava forse solo i cristiani. Papa Callisto è a noi noto soprattutto attraverso le notizie tramandateci da un suo terribile nemico, il prete Ippolito, scrittore prolifico, la cui opera più famosa, in greco, è chiamata *Philosophumena*. È un'opera integralmente condotta contro Callisto. Ippolito muove contro quest'ultimo delle accuse ingiuste, esagerate, ma forse con un fondo di verità. Callisto era lo schiavo di un certo Carpoforo, cristiano, il quale gli aveva dato fiducia, facendolo suo amministratore. Callisto cercò allora di aiutare i fratelli più poveri, fondando una banca e raccogliendo i depositi della povera gente. Conosciamo anche la sede di questa banca: era nei pressi della "Piscina Pubblica" nella zona, cioè, delle Terme di Caracalla. La banca fallì, secondo Ippolito per colpa di Callisto, che si sarebbe appropriato dei soldi di questa povera gente. Callisto — sempre secondo il suo avversario — sarebbe fuggito ad Ostia e si sarebbe gettato in mare per suicidarsi. Ma ciò pare una vera esagerazione, come, del resto, quella che sia entrato provocatoriamente in una sinagoga cercando il martirio. È certo, però, che sia andato ad Ostia. Preso dalle milizie romane, Callisto venne condannato al lavoro nelle miniere in Sardegna, dove si conduceva una vita terribile. Riuscì però a farsi liberare e tornò a Roma. Era morto il papa Vittore nel 199 e al soglio di Pietro venne eletto Zefirino, uomo semplice e buono. Egli diede fiducia di nuovo a Callisto: lo fece liberare e lo rese diacono, affidandogli "il cimitero", cioè l'unica area funeraria cristiana allora di proprietà della Chiesa (quello che ancora oggi porta il suo nome). Callisto lo organizzò bene, stabilendo anche il luogo dove seppellire i papi, la famosa "cripta dei papi". Per scavarla è possibile che abbia preso molti operai di Trastevere, un quartiere cui era molto legato, forse perché fondatore lì di un "titolo", cioè di una comunità cristiana organizzata in parrocchia. Essi realizzarono un'opera colossale, con gallerie sotterranee alte e ben strutturate, che raggiunsero nel tempo fino a cinque piani. Gli operai lavoravano con picconi e lampade ad olio, portando via la terra sulle spalle. Alcuni fissarono il loro lavoro nelle immagini che si vedono in qualche catacomba.

In Trastevere, oltre alla classe dei commercianti e degli operai, c'erano poi i militari. Vi si trovava un grosso distaccamento: abbiamo, infatti, notizia dell'esistenza di un *Castra Ravennatium*, l'alloggio di un distaccamento di marinai di Ravenna, i classari che avevano proprio qui a Trastevere il loro *castrum*, la caserma. Si parla di una *taberna meritoria*, una sorta di albergo per i militari emeriti, cioè quelli che erano ormai in pensione e che qui potevano riunirsi. Davanti alla basilica di San Crisogono abbiamo ancora adesso la caserma dei Vigili del Fuoco della VII coorte. È per questo che vediamo nelle catacombe anche rappresentazioni di soldati, con l'elmo e la lancia. L'ambiente militare, oltre quello dei

15. Cripta dei papi nella catacomba di San Callisto

16. Fossore in un dipinto della catacomba di Marcellino e Pietro

poveri e degli ebrei, fu certamente un altro ambiente di propagazione cristiana. I legionari dovevano essere particolarmente cari ai cristiani. San Paolo, ad esempio, ne parla bene e fa vari paragoni tra la vita militare e quella cristiana. Egli rimase per parecchi mesi legato ad una catena: il prigioniero antico poteva anche abitare nella sua casa, ma doveva essere legato continuamente ad un soldato. Forse per questo Paolo parla della simpatia che la propaganda cristiana aveva avuto nel pretorio. Nella lettera agli Efesini dice: "Il nome di Dio si sta gonfiando nel Pretorio", che era la caserma dei pretoriani. Anche papa Clemente I, in una famosa lettera, porta il legionario come esempio della vita cristiana: gente disciplinata, obbediente, quadrata, che fa il proprio dovere, capace di sacrificarsi. Così deve essere il cristiano.

Callisto fondò qui a Trastevere il "titolo" omonimo, probabilmente prima di diventare papa.

Nel 217 muore Zefirino e proprio Callisto è chiamato a succedergli. Adesso è lui il successore di Pietro (ma non fu il primo schiavo a diventare papa). In questo preciso momento Ippolito, che è davvero un grande teologo, ha un altissimo concetto di sé, della cultura e del ruolo degli intellettuali, ha un tracollo psicologico. Proprio lui si sentiva il più qualificato alla leadership della comunità di Roma. Si ribella, dunque, raccoglie

17. L'antica caserma dei vigili del fuoco in Trastevere

intorno a sé un piccolo gruppo di adepti e si fa eleggere vescovo: è il primo antipapa della storia della Chiesa. La sua rabbia crebbe anche perché Callisto non condannò il suo scisma e quel suo gesto apparve in tutta la sua meschinità. Quando Ippolito scrive la sua vita, Callisto è già morto (martire) da alcuni anni, eppure l'odio velenoso di Ippolito è ancora intatto. Il bello è che lo stesso Ippolito riconosce l'enorme numero di convertiti che avevano preso a frequentare il *didaskaleion* (la scuola) di Callisto. Il suo pontificato, durato appena cinque anni, farà epoca. Ma Ippolito continua a giudicarlo un turpe e il suo episcopato pessimo.

Non riesce a darsi ragione del perché in tanti accorrano dietro a Callisto, mentre lui, con la sua dottrina, è sempre più solo. Perfino dopo la morte di Callisto quando Ippolito è divenuto così famoso che un suo busto è stato collocato nella biblioteca pubblica, egli tenta nuovamente di impadronirsi della cattedra di Pietro, ma tutta la comunità continuerà a raccogliersi attorno ai successori di Callisto, Urbano e Ponziano. Adesso a Roma troviamo ''una comunità che si è fatta anche sul piano economi-

18. Soldato della catacomba dei Giordani

co, abbastanza forte e Callisto è il principale autore di questo benessere — in contrasto, ben s'intende con i rigoristi integrali condotti da Ippolito'' (Mazzarino).

La comunità ''fa perno sull'antico quartiere di Callisto e può contare tra i suoi aderenti anche le ricchissime donne di rango senatorio (*clarissimae feminae*) le quali sostengono in buona parte la vita economica del cristianesimo romano'' (Mazzarino).

Le *clarissimae feminae*, donne e ragazze delle famiglie ricche, di senatori e patrizi romani, ebbero dunque un grande ruolo nel trovare ''amicizie politiche'' alla comunità e nel trovare soldi. Insieme, precisano

19. Volto di san Clemente (Roma, San Paolo fuori le mura)

gli storici, ad "affaristi" che si convertivano. Per la Chiesa le *operationes* di elemosina erano un mezzo di espiazione dei peccati. E i pagani — sono note le invettive di Porfirio — chiamarono pazzi questi ricchi cristiani che dilapidavano così tutte le loro proprietà.

Questo, dice Ippolito, "è il *didaskaleion* (una scuola) che quegli svergognati s'attentano a chiamare *ekklesia catholica*". Ippolito è un moralista rigorosissimo e attacca Callisto proprio sulla sua "spregiudicatezza". Ippolito inveisce: uno può commettere qualsiasi peccato e gli viene subito perdonato, "basta che passi alla scuola di Callisto". Poi scende anche nei particolari. "Callisto garantisce a tutti il condono dei peccati, consente che anche i bigami e i trigami possano avere ordini sacerdotali" (Mazzarino). Inoltre "secondo Callisto un vescovo potrebbe rimanere in carica anche se si fosse reso colpevole delle più gravi mancanze (...) non peccherebbe chi, pur appartenendo al clero, si sposasse; infine Cal-

20. Volto di san Callisto (Roma, San Paolo fuori le mura)

listo dichiarerebbe validi i matrimoni tra donne libere e uomini di infima condizione, non esclusi gli schiavi, benché fossero vietati dal diritto romano. Ippolito compendia le sue accuse nel rimprovero che a nessuno, neppure a chi fosse appartenuto ad una setta si sarebbero imputati i peccati commessi, purché passasse alla scuola di Callisto'' (Baus).

Inoltre, scrive Ippolito nei *Philosophumena*, Callisto era molto indulgente e accondiscendente. Si conoscono anche le risposte che dava al moralista Ippolito: nella Chiesa ci sono santi e non santi, diceva Callisto, c'è posto per tutti proprio come nell'Arca di Noè, figura della Chiesa, trovarono posto anche lupi, corvi e leoni. Callisto inoltre citava san Paolo: ''Chi sei tu per giudicare un tuo fratello?''. Così, racconta Ippolito inorridito, ''i cristiani cresciuti 'alla scuola di Callisto' se ne andavano baldanzosi per Roma non discernendo chi doveva essere evitato, ma offrendo a tutti, senza distinzione, la loro amicizia''.

Una delle pagine più velenose di Ippolito, il suo avversario, è quella che si riferisce all'atteggiamento di Callisto nella controversia sui "lapsi": egli lo considerava troppo permissivo nel perdonare chi aveva tradito la fede cristiana. Ippolito, infatti, era un rigorista, non riconosceva il perdono a chi aveva rinnegato Cristo. Callisto, al contrario, riteneva che il perdono potesse estendersi a tutti per ogni peccato, purché ci fosse sincero pentimento. A tale concetto, confortante per il credente, allude, del resto, in molti sarcofagi paleocristiani l'immagine della negazione di Pietro dove, insieme all'apostolo compare il gallo e Gesù che predice a Pietro il suo tradimento. Questa immagine voleva far capire che se anche il grande apostolo di Roma era stato perdonato da Gesù per quel grave atto, ciascun uomo veramente pentito avrebbe potuto ottenere la salvezza.

Ippolito attacca Callisto anche sull'ortodossia. Le eresie che circolano per la comunità sono tante: le teorie modalistiche, per esempio e quelle adozioniste. Callisto guida la comunità con mano sicura e, per esempio, arriva anche a scomunicare Sabellio. Ma, secondo Ippolito, lo fa *timens me*, per paura cioè che Ippolito dimostrasse la sua non-ortodossia. Si tratta, ovviamente, di un argomento ridicolo dovuto solo alla gelosia di Ippolito che si sente — e in effetti è — molto più preparato di Callisto dal punto di vista teologico (è stato allievo di sant' Ireneo ed è autore di importanti trattati contro le eresie), ma che non vuol riconoscere il carisma di Callisto e neanche l'oggettività della sua elezione sulla cattedra di Pietro.

Callisto resterà papa solo cinque anni. Il 14 ottobre del 222 scoppia a Roma una delle solite "rivoluzioni". I rivoltosi pagani entrano in Trastevere e — non si sa perché — se la prendono con i cristiani. Afferrano Callisto, lo gettano dalla finestra dentro un pozzo e laggiù lo lapidano (Calepodio e Asclepiade furono trascinati per la città e poi gettati nel Tevere). "La coincidenza del modo e della data della morte del capo della Chiesa di Roma con quella dell'Imperatore (...) sembrano suggerire un accostamento tra il tumulto popolare nel quale Callisto e i due sacerdoti furono uccisi e quello seguito all'uccisione di Eliogabalo e di Soemiade: agli occhi della folla infuriata i cristiani, che Eliogabalo aveva favorito, potevano apparire probabili fautori dell'imperatore defunto" (Sordi). Troviamo ancora una volta dunque il paradosso di un Cristianesimo ufficialmente equiparato a un crimine dalle leggi, ma con i cristiani che intessono fruttuosi rapporti di amicizia con singole personalità del potere imperiale, ricavandone libertà per la missione della Chiesa.

Callisto venne martirizzato nel 222. Bisogna notare che sotto l'imperatore Alessandro Severo non era stata fatta nessuna persecuzione. Perché allora Callisto venne ucciso in Trastevere? Probabilmente per motivi particolari. Venne sepolto, comunque, nel cimitero di Calepodio (primo parroco del *titulus Calisti*), nel tratto suburbano di Trastevere e non in quello che da lui prendeva il nome e che egli aveva fatto costruire sull'Appia. La sua tomba nel cimitero di Calepodio è stata scoperta solo nel 1960, molto rovinata, ma sicuramente identificabile. Nell'VIII secolo, nei pressi del sepolcro, venne infatti dipinta la raffigurazione del suo martirio.

21. Tomba di san Callisto nella catacomba di Calepodio

In conclusione una postilla su Ippolito. Riconciliatosi con la Chiesa, fu deportato in Sardegna con papa Ponziano (un discepolo di Callisto) e lì, nel 235, morì martire e santo. Una riconciliazione, la sua, dovuta proprio alla larghezza nel perdono che Callisto aveva insegnato ai suoi.

LA VITA QUOTIDIANA DEI CRISTIANI

L'attuale chiesa di Santa Maria in Trastevere (il vecchio *titulus Calisti*) si deve all'iniziativa di Innocenzo II (XII secolo); essa fu rimaneggiata successivamente con vari restauri. Ma prima di questa chiesa, al suo posto, c'era un'altra basilica, chiamata Giulia, costruita da papa Giulio I, che fu papa dal 336 al 352. Egli fece costruire cinque basiliche a Roma, di cui due nella città e tre fuori quali basiliche cimiteriali: una sull'Aurelia (dedicata proprio a Callisto), un'altra sulla via Portuense e la terza sulla via Flaminia.

Papa Giulio fece costruire questa basilica *Julia* nel luogo attuale di Santa Maria in Trastevere, perché il precedente *titulus Calisti* non c'era più. Questo forse era al piano superiore di una casa di abitazione ed era stato rovinato. Noi non abbiamo praticamente più traccia degli antichi *tituli* di Roma; solo uno di essi si è conservato, quello esistente sotto la basilica dei Santi Giovanni e Paolo al Celio.

L'architettura dei *tituli* (queste parrocchie *ante litteram*) era ben differente da come possiamo immaginarla. Si trattava infatti, almeno da quanto si può dedurre dall'esempio del Celio, di caseggiati a più piani divisi in appartamenti. Numerosi esempi di tale abitazione intensiva (bisognava trovare posto ad un milione di abitanti) si incontrano ad Ostia e uno è ben visibile a Roma a destra del monumento a Vittorio Emanuele: era un palazzo a cinque piani. Nel Trastevere c'erano più di 4.000 di queste abitazioni, chiamate *insulae*, che erano case per gente meno abbiente. I *tituli* cristiani si adattarono probabilmente in alcuni casi nei piani superiori di queste abitazioni. Ciò spiega la loro scomparsa.

Ma come vivevano questi primi cristiani a Trastevere? Un brano tratto dalla Lettera a Diogneto, scritta probabilmente da un educatore di Marco Aurelio nel II secolo, descrive molto bene la vita anche di questi primi cristiani romani. ''Ciò che è per essi la religione è un mistero; non sperare mai di apprenderla da un insegnamento umano. Perché i cristiani non si distinguono dagli altri uomini né per territorio, né per lingua, né per costumi. Non abitano città proprie, né usano un gergo particolare, né conducono un particolare genere di vita. La loro dottrina non è la scoperta del pensiero e della ricerca di qualche genio umano, né aderiscono a correnti filosofiche, come fanno gli altri. Ma, pur vivendo in città greche o barbare come a ciascuno è toccato, e uniformandosi alle abitudini del luogo nel vestito, nel vitto e in tutto il resto, danno l'esempio di una vita sociale mirabile e davvero paradossale.

Abitano ciascuno nella propria patria, ma come pellegrini. Partecipano alla vita pubblica come cittadini, ma esercitano i loro uffici come stranieri; ogni terra straniera è loro patria e ogni patria una terra stra-

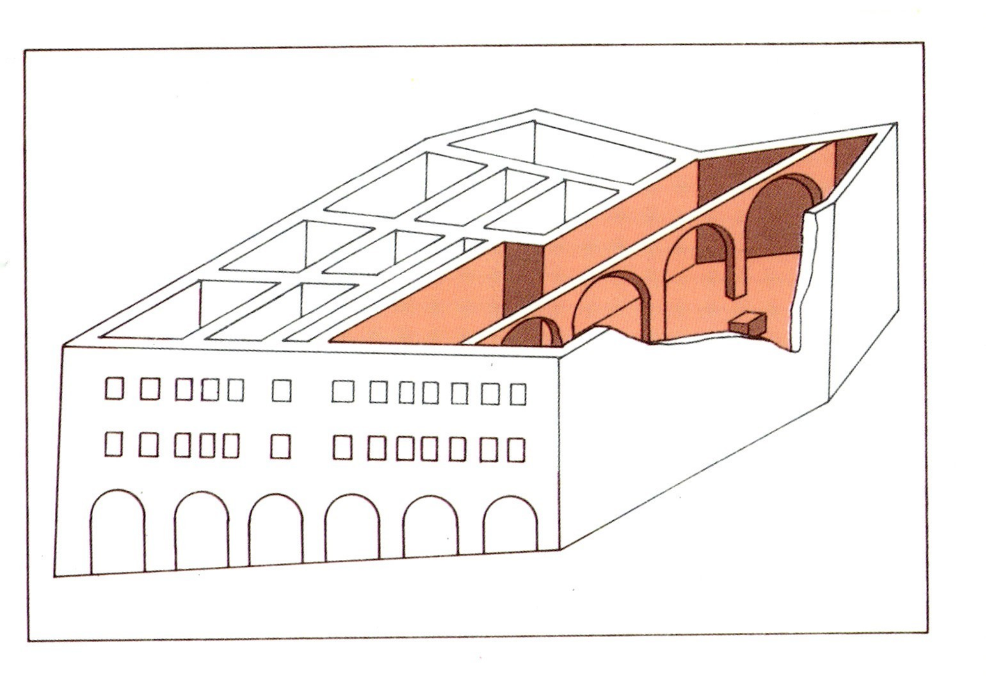

22. Titolo dei Santi Giovanni e Paolo al Celio

niera. Si sposano come tutti e hanno figli, ma non abbandonano i loro nati. Hanno in comune la mensa, ma non il letto. Vivono nella carne, ma non secondo la carne. Dimorano sulla terra, ma sono cittadini del cielo. Obbediscono alle leggi vigenti, ma con la loro vita superano le leggi.

Amano tutti e da tutti sono perseguitati. Li si disprezza, li si condanna, li si uccide, e in questo essi guadagnano la vita. Sono poveri e arricchiscono molti; sono privi di tutto, e in tutto abbondano. Sono disprezzati, e nel disprezzo trovano gloria. Vengono calunniati e sono giustificati. Oltraggiati, benedicono. Ingiuriati, trattano tutti con riverenza. Fanno solo del bene, e vengono condannati come scellerati; castigati, gioiscono come se nascessero alla vita. Gli ebrei li combattono come stranieri e i greci li perseguitano; ma chi li odia non se ne sa spiegare il perché. In una parola, ciò che l'anima è nel corpo, questi sono i cristiani nel mondo. L'anima è diffusa in tutte le membra del corpo, come i cristiani in tutte le città della terra. L'anima, pur abitando nel corpo, non è del corpo; così i cristiani, pur abitando nel mondo, non sono del mondo. Come l'anima, quantunque invisibile, si trova incarcerata in un corpo visibile così i cristiani si vedono nel mondo ma il culto che rendono a Dio resta invisibile. La carne odia l'anima e la combatte, senza averne ricevuto dei torti, perché le impedisce di gioire nei piaceri; così il mondo odia i cristiani, che non gli fanno alcun torto, perché si oppongono ai suoi piaceri. L'anima è affezionata alla carne e alle membra che la detestano, come i cristiani amano chi li odia. L'anima è chiusa nel corpo, ma è essa che sostiene il corpo; così i cristiani sono nel mondo come in una prigione, ma sono essi che sostengono il mondo. Immortale, l'anima abita in una tenda mortale; così i cristiani vivono come pellegrini tra le cose corruttibili, nell'attesa della incorruttibilità nei cieli. Fortificata nella fame e nella sete, l'anima si migliora; così i cristiani, perseguitati, tutti i giorni si moltiplicano sempre più. Così eccelso è il posto loro assegnato da Dio, che non gli è lecito disertarlo'' (*A Diogneto*, coll. *Sources Chrètiennes*, n. 33 bis, Paris 1965, V-VI).

Il *Trans-Tiberim* della XIV regione augustea non corrisponde al Trastevere di oggi, che è poi praticamente quello che l'imperatore Aureliano nel 272 d.C. ha isolato con le sue mura (prima non aveva affatto mura ed era praticamente indifeso). Infatti gli architetti di Aureliano tagliarono fuori tutta la parte del Trastevere che si estendeva verso il Vaticano. Le Mura Aureliane nel tratto trasteverino sono praticamente scomparse. La Porta Portuense era molto più a sud dell'attuale e Urbano VIII cambiò notevolmente il corso delle mura in quel punto.

Trastevere era un quartiere popolatissimo. Come si è detto, possiamo quantificare solo gli ebrei in circa 40.000 unità. Dobbiamo aggiungervi tutta la massa di pagani e di cristiani. Che vita conducevano questi ultimi? Era la vita di tutti gli altri abitanti. Trastevere era un quartiere dedito soprattutto al lavoro del porto fluviale. Roma era una città, che raggiungeva sin dal tempo di Augusto il milione di abitanti. L'approvvigionamento per tutta questa popolazione avveniva quasi interamente attraverso i traffici fluviali del Tevere.

Abitare l'eternità

I cristiani, come si diceva, vivevano come tutti. Ma c'è un punto che in modo particolarmente evidente li differenzia dagli altri, ed è la concezione della morte e della vita oltre la morte. Dalla fine del II secolo, fu proprio la concezione della morte e dell'aldilà che li spinse a distinguersi decisamente dagli usi dei pagani che fino ad allora anche i cristiani avevano seguito. In tutto i cristiani accettavano la vita dei pagani, facevano il loro dovere di soldati, di commercianti, di schiavi. Ma davanti al concetto della morte si sentirono troppo diversi. Fino alla fine del II secolo i cristiani non s'erano fatti un problema nell'essere sepolti insieme ai pagani nelle aree comuni. Lo stesso san Pietro, come è noto, venne sepolto a pochi metri di distanza da tombe pagane, così san Paolo sull'Ostiense. Ma alla fine del II secolo i cristiani vollero isolarsi nelle pratiche funerarie e separarono i loro cimiteri dai pagani. Perché?

Il concetto della morte pagano era freddo, disperato: il pagano sapeva che esisteva la sopravvivenza e ci credeva, ma per lui era una sopravvivenza senza senso. Infatti per il paganesimo l'anima sopravviveva nei Campi Elisi o in altri ambienti ultraterreni, ma solo finché sarebbe stata ricordata. Non appena il defunto fosse stato dimenticato, sarebbe stato assorbito nella massa amorfa, senza senso, privo di personalità, degli dei Mani. È per questo, come facilmente si può osservare, che le tombe pagane sono tutte lungo le vie consolari. I lasciarono sono allineati per chilometri lungo tali strade (in particolare la via Appia) in grande evidenza appunto perché i titolari delle tombe volevano farsi ricordare: sapevano che fintanto c'era qualcuno che li vedeva, leggeva i propri nomi, li pensava, vedeva la loro immagine, essi sopravvivevano. Terminato il ricordo, era tutto finito. È per questo che facevano testamenti anche costosi, molto ricchi, per obbligare i posteri al ricordo. Abbiamo testi conservati nelle epigrafi dove si ricorda che i proprietari dei sepolcri lasciarono grosse cifre ai liberti perché ogni anno, nell'anniversario, andassero ad accendere una lucerna sulla loro tomba o facessero un sacrificio: tutto per essere ricordati. Per fare un solo esempio di grande sepolcro che attirava l'attenzione dei viventi, basti ricordare la tomba di Cecilia Metella sull'Appia.

Per i cristiani tutto questo non aveva senso: credevano sul serio nell'altra vita, non in modo così disperato, freddo. È per questo che volevano crearsi aree cimiteriali proprie e distinte. Costruirono così i *Koimeteria*, termine che significa letteralmente dormitori. Questa parola era per i pagani del tutto incomprensibile. Essi, infatti, non capivano per nulla questo termine applicato alle aree funerarie. Ad esempio nell'editto di confisca dell'imperatore Valeriano nel 257, che ci è riportato da Eusebio di Cesarea, si dice che vengono confiscati ai cristiani beni e luoghi di riunione (qui a Trastevere vennero evidentemente confiscati i "titoli" di Callisto, Crisogono e Cecilia) che appartenevano alla comunità. Oltre a questi beni, vennero confiscati anche i cosiddetti *Koimeteria*, dormitori.

23. Tomba di Cecilia Metella

24. Veduta della via Appia con basolato romano

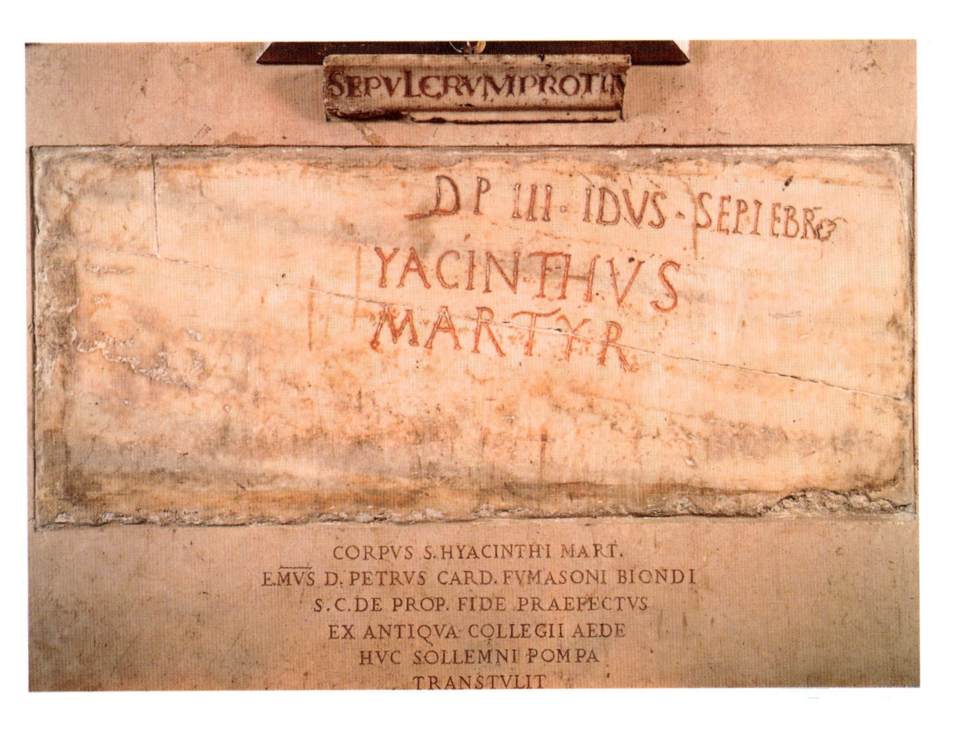

25. Epigrafe tombale di san Giacinto: iscrizione con la sigla DP di *depositus*

I romani non capivano cosa ciò voleva dire. Per un pagano, infatti, ''dormitorio'' era la stanza dove ci si corica la sera e ci si alza la mattina. Per il cristiano era una parola che indicava tutto: si va a dormire per essere risvegliati; la morte non è una fine ma il luogo dove si riposa; e c'è risveglio sicuro.

Troviamo altri concetti con cui i cristiani pensavano alla morte e li ritroviamo nelle catacombe: ad esempio il concetto di *Depositio*. Le lapidi con la parola *Depositus*, talvolta abbreviata (*depo*, *D* o solo *Dep*) si qualificano subito come cristiane. Infatti *Depositio* è un termine giuridico, usato dagli avvocati, che voleva dire ''si dà in deposito'': i morti venivano affidati alla terra come chicchi di grano, per essere poi restituiti nelle messi future. È un concetto che i pagani non avevano.

Per tutti questi motivi, per una teologia della morte così differente da quella dei pagani, i cristiani si vollero isolare e creare dei propri cimiteri. La stessa cosa sentirono gli ebrei, ma solo successivamente.

Gli scavi di Villa Torlonia hanno dimostrato sicuramente che le catacombe ebraiche furono create almeno 50-60 anni dopo quelle cristiane. Sono gli ebrei che in questo tipo di sepoltura hanno imitato i cristiani.

Questa concezione cristiana della morte, o meglio questo mondo dei morti che viene sentito come vivo, ci fa entrare nella mentalità dei primi cristiani, dei trasteverini di allora: esternamente erano vasai, mugnai, facchini, soldati, pescivendoli, barcaioli etc., come tutti gli altri (sappiamo anzi che erano stimati dai loro concittadini come gente che sapeva com-

26. Candelabro a sette braccia della catacomba ebraica di Villa Torlonia

piere il proprio dovere). Ma nell'intimo della loro coscienza avevano qualcosa di profondamente diverso dagli altri. È stata trovata nel Cimitero Maggiore della Nomentana, una bella epigrafe cristiana: esternamente è un piccolo marmetto che non presenta particolari caratteristiche, ma per i concetti che esprime la ritengo uno dei reperti più belli. Vi si parla di

27. Ingresso della catacomba ebraica di Villa Torlonia

un siciliano morto a Roma il quale ha voluto ricordare in greco, con queste parole brevissime, la sua concezione di vita: "Ho vissuto come sotto una tenda (cioè ho vissuto provvisoriamente) per quaranta anni, adesso abito l'eternità".

Troviamo qui tutta la differenza nella concezione della vita tra i cristiani e i pagani. Per i primi si trattava di intendere il presente come un vivere provvisoriamente per andare verso la vera abitazione, la vera dimora; per i pagani la vita aveva un senso chiuso: la morte, infatti, ne era la fine. Il momento tragico della morte, diventava per i cristiani l'ingresso in un ambiente gioioso. Gesù lo paragona alla festa di nozze. È per questo che i cristiani nelle loro tombe dipingono rose, uccelli, farfalle: nelle decorazioni delle catacombe si ritrova spesso dipinto quest'ambiente gioioso, sereno, con dei simboli che esprimono serenità e tranquillità.

28. Pitture con fiori nel cubicolo di Amore e Psiche della catacomba di Domitilla

Preghiera, speranza, devozioni

Nei cimiteri sotterranei, inoltre, troviamo numerosi segni che ci manifestano tanti aspetti della spiritualità dei primi cristiani. Uno dei temi che ricorre più frequentemente è rappresentato dalla preghiera. Questa era compiuta con un gesto significativo, che ancor oggi è conservato nei gesti liturgici del celebrante: allargare le braccia verso il cielo, per offrire a Dio la supplica e per attendere la Sua grazia. È, infatti, un gesto duplice, di offerta e di ricevimento. Tuttavia non è un gesto di origine cristiana. Il famoso *Orante* di Berlino, statua conservata appunto nel museo di quella città, rappresenta un uomo completamente nudo che solleva le braccia e gli occhi al cielo, nel gesto della preghiera.

Nella metà del III secolo i cristiani di Roma dovettero affrontare la spaventosa persecuzione di Decio. Non solo ci fu una massa di gente che per paura rinnegò la fede, ma ad un certo momento lo stesso papa, Fabiano, ed i suoi sette diaconi, ossia quasi tutti coloro che reggevano la Chiesa, furono uccisi. Appena sette anni dopo, con la persecuzione di Aureliano, avvenne la stessa cosa. Prima papa Sisto II (258) sorpreso nella catacomba ed ucciso sul posto assieme a quattro diaconi; subito dopo altri due diaconi, uccisi e sepolti nel cimitero di Pretestato. Rimaneva solo Lorenzo a reggere la Chiesa. Anche lui verrà ucciso qualche giorno dopo. La cosa più spaventosa in quei terribili giorni fu il numero straordinario di *lapsi*, di coloro cioè che per paura avevano rinnegato la fede. Sappiamo dalle lettere di Cipriano, morto anche lui nel settembre 258,

29. Orante: la *Velatio* della catacomba di Priscilla

che fu questo un momento molto brutto per la Chiesa di Roma e quindi anche per la Chiesa di Trastevere. Un pittore di quegli anni ha dipinto una barca che sta per affondare: sembra sia tutto finito, l'albero maestro rotto, le vele squarciate, ma l'uomo che sta lì con le braccia alzate è tranquillo. Il suo gesto esprime serenità. Dall'alto infatti compare Dio che gli mette una mano sulla testa. Intorno ci sono naufraghi. Ma egli ha la sicurezza condivisa da tutti i cristiani: nonostante la situazione spaventosa, la speranza avrebbe prevalso. Le pitture nelle catacombe ci rivelano sempre la mentalità dei cristiani, le loro devozioni, le loro credenze. Per i trasteverini era importante Maria. La dedicazione della basilica di Santa Maria alla Vergine risale al VI secolo. È certamente anteriore a Santa Maria Antiqua, probabilmente posteriore a Santa Maria Maggiore, che risale al 432. Alcune pitture nelle catacombe rivelano come era diffusa questa devozione alla Madonna. In un famoso affresco delle catacombe di Priscilla è raffigurata la Vergine col Bambino e il profeta che indica una stella a significare la realizzazione della profezia di Balaam (''quando comparirà la stella nascerà il Salvatore da una vergine''). E probabilmente il profeta che indica la stella è proprio Balaam. Alcuni studiosi pensano che sia Isaia che proclama la realizzazione della profezia della maternità di una vergine.

Anche l'adorazione dei Magi è una scena che si ripete molto frequentemente nelle catacombe. I Magi, nelle pitture antiche, non sempre sono tre, qualche volta quattro, altre volte due. Nel Vangelo non è detto che fossero tre: si parla di tre doni, non di tre persone: potevano portare tre doni in quattro o in due o in cinque. Nelle raffigurazioni più antiche, è da notare, non esiste affatto il presepio, la culla con il bue e l'asino. È questa una scena più tarda, che compare in qualche sarcofago già nel IV secolo, mentre nella pittura c'è un solo esempio in San Sebastiano. La preferenza data ai Magi si spiega proprio con la provenienza dei cristiani romani dal mondo pagano, idolatrico.

La Madonna dipinta in un affresco del Cimitero Maggiore, l'unica Madonna orante che abbiamo, prega il suo Bambino, chiedendo a lui la grazia.

Fractio panis

L'immagine dell'eucaristia, la *fractio panis* la troviamo ben espressa nella catacomba di Priscilla e ci richiama quello che doveva essere il rito essenziale che si celebrava in tutti i *titula*, nelle varie *domus ecclesiae*, come quelle che esistevano qui a Trastevere (*titula* di Cecilia, Crisogono, Callisto). La frazione del pane non era un gesto che apriva una *agape* qualsiasi, ma era circondata da tutto un complesso liturgico: canto dei salmi, lettura dei profeti, omelia del celebrante, etc. Tra le varie rappresentazioni di banchetti allusivi all'Eucaristia scegliamo di approfondire quella

30. La barca che affonda: storie di Giona nella catacomba di San Callisto

31. La Vergine e il profeta della catacomba di Priscilla

32. I quattro Magi della catacomba di Domitilla

di Priscilla dove c'è una donna velata tra i commensali. In un banchetto qualsiasi, nel mondo pagano, una donna velata non aveva senso. Di fianco ci sono sette cestini di pane, che sono l'elemento chiave che specifica il significato simbolico eucaristico della scena. Al cimitero di San Callisto, nell'area di Lucina, ricorrono in un altro dipinto gli stessi cestini di pane, accompagnati da un pesce: certamente richiamano il miracolo della moltiplicazione dei pani nel deserto; ma sotto i cestini ed il pesce c'è l'erba. Il pittore ha voluto richiamare quel miracolo, ma ha posto anche tra i vimini del cestello, sotto i panini, un bicchiere di vino rosso. Nel deserto Gesù non ha dato vino da bere, ma ha parlato chiaramente che quel miracolo lo compiva in previsione di qualche altra cosa. I pani, pur richiamando il miracolo del deserto, esprimono, con la presenza del vino, l'eucaristia. Ritornando alla pittura della *fractio panis* nella catacomba di Priscilla, il gesto eucaristico è indicato e compiuto molto bene dal presidente del banchetto raffigurato a capotavola (nel mondo antico il personaggio più importante si metteva a capotavola). Il presidente del

33. Maria orante col Bambino del 'Cimitero Maggiore'

34. *Fractio panis* della catacomba di Priscilla

35. Pittura con i pesci della cripta di Lucina nella catacomba di San Callisto

banchetto, in questa immagine, compie un atto strano per un banchetto comune ma chiarissimo per una celebrazione eucaristica: con le mani protese sta rompendo il pane. E davanti c'è un calice. È chiaramente una raffigurazione del banchetto eucaristico. Molte sono le pitture eucaristiche conservate nelle catacombe.

Il battesimo come resurrezione

Le catacombe ci trasmettono anche la mentalità dei primi cristiani verso il battesimo. Noi amministriamo il battesimo ai nostri bambini versando sulla loro testa un po' di acqua. Per i primi cristiani non era così. Il loro rito era forse molto più espressivo, e manifestava in pieno la teologia paolina. Nelle catacombe il battezzando è rappresentato sempre nudo, perché deve essere immerso nell'acqua. Infatti egli si deve spogliare dell'uomo vecchio e rivestirsi di quello nuovo. Gli antichi capivano molto bene questo: anche nella conformazione dei battisteri, posti fuori della chiesa, si esprimeva tale concetto. Infatti erano ambienti che avevano la forma di un sepolcro, ottagonale o esagonale, proprio come un mausoleo. Quando la notte del sabato santo i cristiani vedevano questa teoria di battezzati che si avviavano con i loro abiti ed entravano nel battistero, pensavano subito alla morte: ecco, entravano dentro per morire, per spo-

36. Battesimo: cripta dei sacramenti della catacomba di San Callisto

gliarsi della vita vecchia, morire ad essa e poi risorgere. La mattina li vedevano uscire, vestiti con l'abito bianco, segno della vita nuova. Questa è una concezione che dovette avere un grande significato per i primi cristiani, anche di Trastevere.

La grazia del perdono

Callisto soffrì in modo particolare per la sua concezione del perdono, in polemica con le varie sette di rigoristi dell'epoca: tutto si perdona, egli affermava, purché vi sia pentimento. Abbiamo ricordato a questo proposito come viene raffigurato Pietro nelle catacombe: spesso con accanto il gallo che gli ricordò il suo tradimento... È strano che a Roma, la Chiesa fondata da Pietro, venga tanto accentuata questa pagina così brutta della vita dell'apostolo, una pagina che sarebbe stato meglio dimenticare. In molti sarcofagi e nei cubicoli catacombali c'è quel benedetto gallo, c'è Gesù che con le dita fa il gesto per indicare "tre volte" e Pietro che sta con la testa bassa. Ci si potrebbe chiedere: perché i romani amavano tanto ricordare questa pagina della vita del loro fondatore? L'unica spiegazione convincente è che lo facessero per affermare la misericordia di Dio, la sua volontà di perdonare i peccatori, proprio in un ambiente dove c'era chi negava il perdono, in quei tempi così difficili. "Pietro — sembrano

37. San Pietro e il canto del gallo in un sarcofago del IV secolo nel Museo Pio Vaticano

dire queste immagini — è stato perdonato dello stesso peccato che voi più rigoristi dite che non debba essere perdonato''. Callisto, gran propugnatore del perdono universale, aveva ben presente questo episodio della vita di Pietro e ne fece, probabilmente, uno dei temi più frequenti della sua predicazione ai suoi cristiani trasteverini.

I "LAPSI" E IL CORAGGIO DI AGNESE

Un altro aspetto della fede dei primi cristiani di Trastevere era la devozione per i santi. Essi avevano creato parecchie catacombe sulle cime dei colli che sovrastavano Trastevere. Credo che fossero, come tutti i romani, devoti di sant'Agnese, di questa giovane santa romana. Abbiamo scoperto nelle catacombe di Commodilla una pittura dove è raffigurata con accanto l'Agnello che allude al suo nome. I romani avevano tanta devozione per questa santa (basta vedere la grande basilica costantiniana sulla via Nomentana, ridotta successivamente di misura da papa Onorio) perché Agnese fu una di quelle creature che salvarono la Chiesa di Roma in un momento tragico. Nella persecuzione di Valeriano, che provocò molti *lapsi*, traditori della fede, sappiamo, dal racconto di Damaso, che la giovane Agnese scappò di casa per andare a proclamarsi cristiana in pubblico davanti al tribunale. Abbiamo una lettera dell'epoca di san Cipriano che racconta di due sacerdoti che si erano appostati sulle pendici del Campidoglio, dove i *lapsi* dovevano salire per andare a bruciare l'incenso e ricevere il libello che attestava la soddisfazione di questo obbligo imposto. Ebbene, scrive l'estensore della lettera, questi due sacerdoti si gettavano ai piedi dei cristiani che salivano, supplicandoli di non andare, di non fare quel peccato. Sappiamo peraltro che il numero di *lapsi* fu straordinario. Ebbene, in un ambiente come questo, ove era facile vedere uomini e donne di età matura rinnegare Dio recandosi a bruciare l'incenso all'imperatore, comparve Agnese, questa ragazzina di dodici o tredici anni (l'analisi del cranio ha dimostrato che aveva quella età) che testimoniava con coraggio la sua fede. E possiamo immaginare cosa volesse dire per tutti la sua debole voce urlare: "No, io sono cristiana". Una voce che dovette suonare particolarmente forte per tutti coloro che avevano tradito o stavano per tradire la loro fede. Non c'è dubbio che la vicenda di questa bambina abbia dato una scossa a tutta la comunità. Sappiamo in effetti che dopo la sua morte ci fu una ripresa della Chiesa di Roma, che in seguito fu una delle più forti.

Nel 1960 è stato scoperto il sepolcro di san Callisto sulla via Aurelia Vetus, oggi via Casale di San Pio V. Ci sono rappresentazioni pittoriche dell'VIII secolo che riprendono i dati, forse un po' leggendari, della vita di Callisto.

Questa vita spirituale che abbiamo sommariamente ripercorso attraverso i segni presenti nelle catacombe era quella che in fondo alimentava i primi cristiani, anche qui a Trastevere. Non c'è dubbio che non doveva essere facile la loro vita in quel mondo così ostile, eppure la testimonianza di questi antichi fratelli giunge piena di ricchezza sino ai giorni nostri. E in certo modo è consegnata ai credenti di oggi perché, mentre vivono la vita di tutti, sentano che la loro dimora è nei cieli.

38. Sant'Agnese con l'agnello della catacomba di Commodilla

39. Facciata di Santa Maria in Trastevere

PADRE UMBERTO MARIA FASOLA

Ho letto con vero interesse e con una punta di commozione queste pagine.

Si tratta di uno degli ultimi interventi del carissimo padre Fasola a carattere divulgativo, quando già il terribile male che lo minava aveva mostrato la sua inesorabilità. Lasciando ad altri il compito di valutare gli aspetti storico-scientifici di questo breve testo, a me sembra, scorrendo ora queste pagine, di sentire l'eco della sua voce, così suadente e persuasiva, un timbro di voce dai caldi accenti e pervaso da un autentico ''intelletto d'amore'' verso un tema a lui tanto familiare e congeniale.

Ringrazio la comunità parrocchiale di Santa Maria e il suo parroco don Vincenzo Paglia che mi offrono l'opportunità di rendere la mia testimonianza affettuosa e sincera a un confratello dal quale ho molto ricevuto.

Padre Fasola è, nella mia memoria, per consuetudine di vita e per consonanza di ideali, un uomo colto e umile, di grande serenità interiore, un dotto appassionatamente dedito agli studi di archeologia cristiana, ai quali rimane legato principalmente il suo nome; un cultore e un illustratore partecipe dei problemi sindonologici. Un sacerdote, soprattutto, che ha sempre amato la liturgia e promosso lo splendore dei sacri riti; metodico e rigoroso sapeva ritagliarsi un angolo di tempo e una parte di energie da dedicare esclusivamente e quasi gelosamente, alla formazione religiosa del gruppo dei chierichetti e alla preparazione annuale dei bambini alla Prima Comunione nella bella chiesetta di S. Antonio M. Zaccaria al Gianicolo.

Era un uomo che dall'altezza del suo ingegno e dei suoi interessi culturali sapeva farsi piccolo con i piccoli, semplicemente e senza pose.

Il suo carattere e il suo stile erano quelli di un piemontese (benché nato, per caso, a Sondalo, in provincia di Sondrio) fedele agli impegni, lavoratore instancabile, tenace realizzatore, economizzatore del tempo, attaccatissimo alle sue montagne.

Schivo e amante della solitudine, ligio al dovere, non tralasciò mai le ore di preghiera e di silenzio, la recita del breviario e del rosario passeggiando in cortile o in terrazza. Non l'ho mai sentito alzare la voce né, tanto meno, parlar male di qualcuno.

Il padre generale dei Barnabiti non ha esitato a definirlo un uomo meraviglioso, un religioso esemplare, un uomo di fede e pieno di Dio, uno studioso serio e senza ambizioni. I colleghi d'Università lo hanno giustamente ricordato con tutti i titoli e gli incarichi che aveva collezionato silenziosamente, anno dopo anno, con volontà e paziente lavoro, senza menarne vanto: una serie impressionante di cariche che, a metterle insieme, non sono poche né di poco conto. Eccole, come ho potuto ricostruirle:

"Licenziato in S. Teologia presso la Pontificia Università Urbaniana; laureato in Archeologia Cristiana presso il Pontificio Istituto di Archeologia; laureato in Lettere e Filosofia all'Università di Roma. Professore di Liturgia nello Studentato Teologico Internazionale dei Barnabiti; professore di Topografia cimiteriale della Roma cristiana; per due trienni Rettore magnifico del Pontificio Istituto di Archeologia Cristiana. Segretario della Pontificia Commissione di Archeologia Sacra; Consultore della Sezione Storica della Congregazione per le Cause dei santi; Postulatore Generale dei Barnabiti; Curator del Collegium Cultorum Martyrum; membro del Consiglio Superiore per i Beni Ambientali e Culturali d'Italia; membro di varie Accademie e Società scientifiche".

La semplicità e la mitezza di padre Fasola non solo non furono mai offuscate o alterate da tali onori, ma ne escono più nitide perché li considerò sempre un servizio e una responsabilità. Egli non dimenticò mai di essere chiamato a svolgere una preziosa attività sacerdotale e pastorale anche in ambienti laici, dando una testimonianza di professionalità largamente apprezzata. Nella veste di direttore spirituale e consigliere, raccolse confidenze di amici e di famiglie, offrendo la sua parola confortatrice a chiunque fosse a lui ricorso, vicino nei momenti lieti e tristi della vita.

All'interno della Congregazione barnabitica rifiutò sempre qualunque carica, eccetto quella di Postulatore delle Cause dei santi: per circa 40 anni si prodigò anche in questa poco appariscente opera, acquisendo una specifica preparazione giuridica e agiografica. Tutto concentrato nei suoi studi e impegni, finiva per estraniarsi dal mondo della politica e dello sport, della letteratura e perfino dell'attualità internazionale.

Per me e per molti confratelli, padre Fasola è e rimane un sodale illustre e caro, degno di stima e di affetto, integerrimo, un puro di cuore. Egli lascia una eredità preziosa, specialmente ai giovani, per l'esemplare dedizione al lavoro e all'apostolato, per l'amore genuino e fattivo alla Congregazione, per il leale e disinteressato servizio alla Chiesa in posti di responsabilità, per la lineare e inconcussa vocazione religiosa, per la profondità delle convinzioni e la limpida testimonianza.

I competenti e gli estimatori hanno giustamente rilevato il suo contributo scientifico per lo studio e la valorizzazione di quel grandioso patrimonio di fede, di storia e di arte che sono le catacombe. Pochi studiosi nel nostro secolo hanno operato e speso la vita quanto lui per questa nobilissima causa, viaggiando in lungo e in largo per Roma, nella campagna romana e in altre zone d'Italia. Fra l'altro si deve alle sue fortunate campagne di scavi la scoperta di alcune catacombe totalmente sconosciute e l'identificazione di almeno sei tombe di martiri antichi. Promosse con zelo la conoscenza, la tutela e la salvaguardia di tutta l'area cimiteriale, mediante iniziative e tempestivi interventi. Si può dire che non lasciò passare giorno senza scendere in una catacomba per studiare affreschi o decifrare iscrizioni, per vigilare sul loro stato di conservazione, per riparare danni e prevenire furti.

Non posso dimenticare la sua soddisfazione nel guidarci lungo le gallerie sotterranee del *Coemeterium majus* sulla Nomentana, da lui scoperto, studiato e pubblicato come tesi di laurea; le sue annuali conferenze commemorative alla catacomba di sant'Agnese, alla presenza immancabile del cardinale Confalonieri, suo grande amico; le Messe cantate e servite alle catacombe di Priscilla ogni 31 dicembre per la festa liturgica di san Silvestro papa; le visite ai luoghi archeologici più famosi, sotto la sua guida paziente: dai Fori Romani ad Ostia antica, dal Vaticano a Tivoli, a Pompei...

Una delle sue ultime uscite fu a Valmontone, paese della mia diocesi, per l'inaugurazione della catacomba di sant'Ilario, risalente al VI secolo.

Ma, poco prima di morire, ebbe la soddisfazione di aver fra le mani la prima copia della miscellanea di studi, in due grossi volumi, che amici e colleghi gli dedicarono in occasione del compimento del suo 70° anno. Nelle prime pagine è raccolta la sua bibliografia: fra articoli, saggi, volumi, contributi e pubblicazioni in varie lingue, dal 1949 al 1989, conta 130 voci, che coprono tutto l'ampio settore dell'archeologia cristiana. Non mancano note agiografiche e biografiche per enciclopedie e dizionari; ricerche sul complesso catacombale di santa Tecla sulla via Laurentina; sulle due catacombe ebraiche di Villa Torlonia, di cui chiarì le origini; indagini presso la catacomba di san Callisto e per l'identificazione del cimitero dei Giordani; analisi e confronti di tipo archeologico per illuminare taluni problemi della Sindone di Torino (era molto scettico sulla presunta datazione col sistema del radiocarbonio); raccolta di testimonianze letterarie, storiche, artistiche sulla presenza di Pietro e Paolo a Roma. E ancora piacerà ai napoletani sapere che padre Fasola ha scoperto una cripta di vescovi di Napoli del V secolo e la più antica immagine di san Gennaro a Capodimonte. Suoi furono gli scavi sotto Villa Savoia e di un santuario di martiri nella catacomba *ad duas lauros*; lavori in via Anapo e in una necropoli pagana sulla via Appia. Non meno interessanti appaiono i suoi volumi sulla catacomba di Domitilla e sulla basilica dei Santi Nereo e Achilleo; le relazioni a congressi internazionali sui cimiteri di età pre-costantiniana, ecc.

Credo che più che la vastità degli interessi, sia la profondità e la tenacia delle indagini topografiche che hanno fatto del padre uno specialista e un relatore ricercato. Egli si documentava sui testi ma soprattutto lavorava sul campo. Anche quando, come in questa conferenza sui primi cristiani a Trastevere, egli parla *ex abundantia cordis* e senza apparati critici, si sente lo spessore della competenza e si intuisce il retroterra scientifico.

Ma, per concludere, desidero evidenziare un particolare significativo. Poco prima della sua morte, quasi in una ideale continuità, è stata trovata, nel suo prediletto *Coemeterium majus*, una bella epigrafe. Il testo è in lingua greca e, nella sua concisione, spiega tutta una vita: "Ho vissuto come sotto una tenda per quaranta anni, adesso abito l'eternità".

+ *Andrea Maria Erba*
vescovo di Velletri-Segni

25 agosto 1990 nel primo anniversario della morte.

Bibliografia essenziale

Sul Trastevere classico:

G. Lugli, *I monumenti antichi di Roma e suburbio, Roma 1934-40.*

F. Coarelli, *Roma, Guide archeologiche Laterza*, 6, Roma-Bari 1980, pp. 338-368.

F. Coarelli, *Dintorni di Roma, Guide archeologiche Laterza*, 7, Roma-Bari 1981, pp. 208-214.

R.E.A. Palmer, *The Topography and Social History of Rome's Trastevere (Southern Sector)*, in *Proceedings of the American Philosophical Society*, 125 (1981), pp. 368-397.

Sul Trastevere cristiano:

R. Vielliard, *Recherches sur les origines de la Rome Chrétienne*, Rome 1959.

U.M. Fasola, *Pietro e Paolo a Roma. Orme sulla roccia. Ricordi archeologici di Pietro e Paolo a Roma*, Roma 1980.

R. Krautheimer, *Roma. Profilo di una città, 312-1308*, Roma 1981.

G.N. Verrando, *La passio Callisti e il santuario della via Aurelia*, in «Mélanges de l'École Française de Rome. Antiquité», 96 (1984), pp. 1039-1083.

G.N. Verrando, *L'attività edilizia di papa Giulio I e la basilica al III miglio della via Aurelia ad Callistum*, in «Mélanges de l'École Française de Rome. Antiquité», 97 (1985), pp. 1021-1061.

P. Lampe, *Die stadtrömischen Christen in den ersten beiden Jahrhunderten*, Tübingen 1987.

L. Reekmans, *L'implantation monumentale chrétienne dans le paysage urbain de Rome de 300 à 850*, in *Actes du XIe Congrès International d'Archéologie Chrétienne. Lyon, Vienne, Grenoble, Genève et Aoste (21-28 septembre 1986)*, II, Città del Vaticano 1989, pp. 861-915.

Sulle catacombe trasteverine:

P. Testini, *Le catacombe e gli antichi cimiteri cristiani in Roma*, Bologna 1966, pp. 106-107, 143-146 (ivi bibl. precedente).

A. Nestori, *L'area cimiteriale sopra la tomba di S. Callisto sulla via Aurelia*, in «Rivista di Archeologia Cristiana», 44 (1968), pp. 161-172.

A. Nestori, *La catacomba di Calepodio al III miglio dell'Aurelia Vetus e i sepolcri dei Papi Callisto I e Giulio I (I parte),* in «Rivista di Archeologia Cristiana», 47 (1971), pp. 169-278; (II parte), in «Rivista di Archeologia Cristiana», 48 (1972), pp. 193-233.

M. Cecchelli Trinci, *La chiesa di S. Agata in fundo Lardario e il cimitero dei SS. Processo e Martiniano. Note sulla topografia delle due Aurelie*, in «Quaderni dell'Istituto di Archeologia e Storia Antica della Libera Università degli Studi «G. D'Annunzio. Chieti», I (1980), pp. 85-112.

G.N. Verrando, *Note di topografia martiriale della via Aurelia*, in «Rivista di Archeologia Cristiana», 57 (1981), pp. 255-282.

G.N. Verrando, *Analisi topografica degli antichi cimiteri sotterranei ubicati nei pressi delle due Aurelie,* in «Rivista di Archeologia Cristiana», 63 (1987), pp. 293-357.

G.N. Verrando, *Il santurario di S. Felice sulla via Portuense*, in «Mélanges de l'École Française de Rome. Antiquité», 100 (1988), pp. 331-336.

TABERNA
VN·IAM

MERITORIA
VMME PATE
SCATVRIR

Finito di stampare
nel mese di maggio 1991
presso gli stabilimenti della
Arti Grafiche Fratelli Palombi
via dei Gracchi 183, 00192 Roma
Centro Stampa Clivo Vaticano
Allestimento Thema